ALPHABET

DES

PETITS ENFANS,

CONTENANT;

1.º De grosses lettres , et les ba, be , bi , bo ,
bu , etc. ;

2.º Les mots d'une, deux, trois , quatre , cinq
et six syllabes , le tout bien divisé ;

3.º Des petites phrases instructives , divisées ,
pour faciliter les enfans à épeler , le tout
en très-gros caractères.

A METZ,

De l'Imprimerie de VERRONNAIS, place de
l'Hôtel-de-ville , et au haut de la rue des Jardins.

1824.

ALPHABET

DES

PETITS ENFANS,

CONTENANT,

1.º De grosses lettres , et les ba, be , bi, bo , bu , etc. ;

2.º Les mots d'une, deux, trois, quatre, cinq et six syllabes, le tout bien divisé ;

3.º Des petites phrases instructives, divisées, pour faciliter les enfans à épeler, le tout en très-gros caractères.

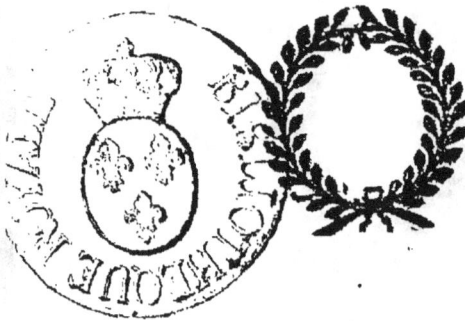

A METZ,

De l'Imprimerie de VERRONNAIS , place de l'Hôtel-de-ville , et au haut de la rue des Jardins.

1824.

A B C D

E F G H

I J K L

M N O P

Q R S T

U V X Y Z.

a b c d

e f g h

i j k l

m n o p

q r s t

u v x y z.

A B C D
E F G H
I J K L
M N O P
Q R S T
U V X Y Z.

---

a b c d e
f g h i j
k l m n o
p q r s t
u v x y z

Les lettres doubles.

æ   œ   w   ff

fi   ffi   fl   ffl.

PONCTUATION.

Apostrophe (') l'orage.

Trait d'union (-) porte-feuille.

Guillemet («)

Parenthèses ( )

Virgule (,)

Point et virgule (;)

Deux points (:)

Point (.)

Point d'interrogation (?)

Point d'exclamation (!)

Voyelles.

a e i ou y o u

Syllabes.

ba be bi bo bu

ca ce ci co cu

da de di do du

fa fe fi fo fu

ga ge gi go gu

ha he hi ho hu

ja je ji jo ju

ka ke ki ko ku

la   le   li   lo   lu

ma me mi mo mu

na ne ni no nu

pa pe pi po pu

qua que qui quo qu

ra re ri ro ru

sa se si so su

ta te ti to tu

va ve vi vo vu

xa xe xi xo xu

za ze zi zo zu

ab	eb	ib	ob	ub
ac	ec	ic	oc	uc
ad	ed	id	od	ud
af	ef	if	of	uf
ag	eg	ig	og	ug
ah	eh	ih	oh	uh
ak	ek	ik	ok	uk
al	el	il	ol	ul
am	em	im	om	um
an	en	in	on	un
ap	ep	ip	op	up
aq	eq	iq	oq	uq
ar	er	ir	or	ur
as	es	is	os	us

at	et	it	ot	ut
av	ev	iv	ov	uv
ax	ex	ix	ox	ux
az	ez	iz	oz	uz

---

bla	ble	bli	blo	blu
bra	bre	bri	bro	bru
cha	che	chi	cho	chu
cla	cle	cli	clo	clu
cra	cre	cri	cro	cru
dra	dre	dri	dro	dru
gla	gle	gli	glo	glu
gna	gne	gni	gno	gnu
gra	gre	gri	gro	gru
pha	phe	phi	pho	phu

pla   ple   pli   plo   plu
pra   pre   pri   pro   pru
tla   tle   tli   tlo   tlu
tra   tre   tri   tro   tru

Lettres accentuées.

é   (aigu)
à è ù   (graves)
â ê î ô û   (circonflexes)
ë ï ü   (tréma)
ç   (cédille)

Pâ-té   Mè-re
Le-çon   Mê-me
Maî-tre   A-pô-tre
Hé-ro-ï-ne.

Mots qui n'ont qu'un son,
ou qu'une syllabe.

Pain	Vin
Chat	Rat
Four	Blé
Mort	Corps
Trop	Moins
Art	Eau
Marc	Veau
Champ	Pré
Vent	Dent
Vert	Rond.

(12)

*Mots à deux sons, ou deux
syllabes à épeler.*

Pa-pa	Cou-teau
Ma-man	Cor-don
Bal-lon	Cor-beau
Bal-le	Cha-meau
Bou-le	Tau-reau
Chai-se	Moi-neau
Poi-re	Ton-neau
Pom-me	Mou-ton
Cou-sin	Ver-tu
Gâ-teau	Vi-ce

*Mots à trois sons , ou trois syllabes
à épeler.*

Or-phe-lin

Scor-pi-on

Ou-vra-ge

Com-pli-ment

Nou-veau-té

Cou-tu-me

Mou-ve-ment

His-toi-re

Li-ber-té

Li-ma-çon

A-pô-tre

Vo-lail-le

Ci-trouil-le

Mé-moi-re

Car-na-ge

Ins-tru-ment

Su-a-ve

Fram-boi-se

Gui-mau-ve

U-sa-ge

*Mots à quatre sons, ou quatre
syllabes à épeler.*

É-ga-le-ment
Phi-lo-so-phe
Pa-ti-en-ce
O-pi-ni-on
Con-clu-si-on
Zo-di-à-que
É-pi-lep-sie
Co-quil-la-ge
Di-a-lo-gue
Eu-cha-ris-tie

*Mots à cinq sons, ou cinq
syllabes à épeler.*

Na-tu-rel-le-ment
Cor-di--a-li-té
Ir-ré-sis-ti-ble
Cou-ra-geu-se-ment

In-con-vé-ni-ent

A-ca-ri-â-tre

In-do-ci-li-té

In-can-des-cen-ce

Ad--mi--ra--ble--ment

Cu-ri-o-si-té

I-ne-xo-ra-ble

*Mots à six sons, ou six syl-
labes à épeler.*

In-con-si-dé-ré-ment

Per-fec-ti-bi-li-té

O-ri-gi-na-li-té

Ma-li-ci-eu-se-ment

As-so-ci-a-ti-on

Va-lé-tu-di-nai-re

Phrases à épeler.

J'ai-me mon pa-pa.

Je ché-ris ma ma-man.

Mon frè-re est un bon gar-çon.

Ma sœur est bien ai-ma-ble.

Mon cou-sin m'a don-né un pe-tit se-rin.

Ma cou-si-ne m'a pro-mis un gâ-teau.

Grand-pa-pa doit ap-por-ter un jeu-ne chi-en.

Grand'-ma-man me don-ne-ra pour é-tren-nes un che-val de car-ton.

3 *

J'i-rai de-main me pro-
me-ner sur les bou-le-varts
a-vec mes ca-ma-ra-des.

Thé-o-do-re a un beau
cerf vo-lant a-vec le-quel je
m'a-mu-se-rai bien.

La mai-son de ma tan-te
à Vau-gi-rard est très-jo-
lie. Il y a dans la cour un
grand jeu de quil-les.

Mon on-cle Tho-mas a
a-che-té un pe-tit é-cu-
reuil, que je vou-drais bi-en
a-voir pour me di-ver-tir.

Di-man-che je n'i-rai pas
à l'é-co-le; mon cou-sin

Au-gus-te vien-dra me cher-
cher pour aller à la pro-
me-na-de.

Il n'y a qu'un seul Di-eu
qui gou-ver-ne le ci-el et
la terre

Ce Di-eu ré-com-pen-se
les bons et pu-nit les mé-
chans.

Les en-fans qui ne sont
pas o-bé-is-sans, ne sont
pas ai-més de Di-eu, ni de
leurs pa-pas et ma-mans.

Il faut fai-re l'au-mô-ne
aux pau-vres ; car on doit
a-voir pi-ti-é de son sem-
bla-ble.

Un en-fant ba-bil-lard et

rap-por-teur , est tou-jours
re-bu-té par tous ses ca-ma-
ra-des.

On ai-me les en-fans do-
ci-les , on leur don-ne des
bon-bons.

Un en-fant doit ê-tre
po-li.

Un en-fant bou-deur est
ha-ï de tout le mon-de.

Un en-fant qui est hon-
nê-te et qui a bon cœur,
est ché-ri de tous ceux qui
le con-nais-sent.

Le li-on est le roi des
a-ni-maux.

L'ai-gle est le roi des oi-
seaux.

Le lys est le roi des fleurs ;
la ro-se en est la rei-ne.

L'or est le pre-mi-er des
métaux ; il est le plus lourd
et le plus rare.

La ba-lei-ne est le plus
gros des pois-sons de la
mer.

Le bro-chet est un pois-
son vo-ra-ce, qui dé-truit
les au-tres pois-sons des ri-
viè-res et des étangs.

L'hom-me a cinq sens ,
ou cinq ma-ni-è-res d'a-

per-ce-voir ou de sen-tir
ce qui l'en-vi-ron-ne.

Il voit a-vec les yeux.

Il en-tend avec les o-
reil-les.

Il goû-te a-vec la lan-gue.

Il flai-re ou res-pi-re les
o-deurs a-vec le nez.

Il tou-che a-vec tout le
corps et prin-ci-pa-le-ment
a-vec les mains.

Les qua-tre é-lé-mens qui
com-po-sent no-tre glo-be,
sont : l'air, la ter-re, l'eau
et le feu.

Sans air, l'hom-me ne peut res-pi-rer.

Sans la ter-re, l'hom-me ne peut man-ger.

Sans eau, l'hom-me ne peut boi-re.

Sans feu, l'hom-me ne peut se chauf-fer.

La réu-ni-on de ces qua-tre é-lé-mens est donc né-ces-sai-re à l'hom-me pour vi-vre.

C'est l'air a-gi-té qui pro-duit les vents, qui cau-se les o-ra-ges, les tem-pê-tes, et qui est la sour-ce de mil-le

phé-no-mè-nes qui ar--ri-
vent jour-nel-le-ment dans
l'at-mos-phè-re.

C'est la ter-re qui pro-
duit tou-tes les subs-tan-ces
vé-gé-ta-les dont l'hom-me se
nour-rit, ain-si que les a-
ni-maux qui la cou-vrent;
c'est au fond de la ter-re
qu'on trou-ve le mar-bre,
l'or, l'ar-gent, le fer et tous
les au-tres mé-taux.

Phrases à épeler.

La ter—re est ron—de.

El—le est plus d'à moi-tié cou-ver-te par les eaux de la mer.

On di-vi-se la ter—re en qua-tre par-ties, qui sont : l'Eu-ro-pe, l'A-sie, l'A-fri-que et l'A—mé—ri—que.

L'Eu—ro—pe con—tient plu—sieurs na—tions.

Les prin-ci-pa-les na-tions de l'Eu-ro-pe sont la Fran-ce, l'Al-le-ma-gne, l'An-gle-ter-re, la Hol-lan-de, la Prus-se, l'Au-tri-che, la Rus—sie, l'I-ta-lie et l'Es-pa-gne.

Nous ha-bi-tons la Fran-ce, et nous nous ap-pe-lons Fran-çais.

La Fran—ce est un des plus beaux pays de l'Eu-ro—pe.

El—le four-nit à ses ha-bi-tans tout ce qui est né-ces—sai—re aux be—soins et aux a-gré-mens de la vie.

El—le est ar--ro-sée par un grand nom—bre de fleu-ves, de ri-viè-res et de ca-naux qui contri-buent à la fer-ti-li-té de son sol, et fa-ci-li-tent ses re—la-tions in—té—ri—eu—res.

Sa si-tu-a-tion sur l'O—cé—an et la Mé-di-ter-ra née est des plus a—van-ta-geu-ses pour le com-mer-ce.

On fait mon—ter sa po-pu-la-tion à près de tren—te mil-lions d'in-di-vi-dus.

El—le peut pas—ser en ce mo-ment pour la plus puis-san-te na—tion de l'Eu-ro-pe.

Les principales montagnes de la France sont les Alpes, qui la sépa-rent de l'Italie ; les Pyrénées, qui la séparent de l'Espagne ; les Vosges, qui séparent la Lorraine de la Bour-gogne et de l'Alsace, le Mont—Jura,

qui sépare la Franche-Comté de la
Suisse ; les Cévennes , situées dans la
province de Languedoc ; le Mont-
d'Or ; le Mont-Cantal ; le Puy-de-
Dôme , en Auvergne , et la Côte-
d'Or, en Bourgogne.

Les principales rivières sont la
Loire, le Rhône, la Garonne, la Seine,
la Saône , la Charente , la Somme
et le Var.

Les principales forêts sont celles
des Ardennes , d'Orléans , de Fontai-
nebleau , de Compiègne , de Villers-
Cotterets et de Saint-Germain.

Les principales villes sont Paris ,
Lyon , Marseille , Toulouse , Mont-
pellier , Amiens, Strasbourg , Nantes ,
Rennes, Bordeaux , Orléans , Rouen ,
Lille , Metz , etc.

———

Les Français sont braves, courageux,

actifs et pleins de vivacité. Leurs
militaires, en général, réunissent à
un courage impétueux une gaîté fran-
che et amie du plaisir. Ils sont ter-
ribles dans le combat ; mais quand
on a cessé de se battre, ils se mon-
trent humains, et traitent les ennemis
tombés en leur pouvoir avec autant
de bienveillance que s'ils étaient leurs
camarades.

La France est depuis long-temps
regardée par les étrangers comme
l'école de la politesse.

Les Français sont très-confians.
La prospérité ne les rend ni pré-
somptueux, ni arrogans ; et il n'y a
point de peuple au monde qui sache
supporter d'aussi bonne grâce les re-
vers et l'adversité.

Ils ont réussi dans les sciences et
les arts. Leurs plus grands poëtes sont
Corneille, Racine, Boileau, Molière,

La Fontaine, Jean—Baptiste Rousseau et Voltaire.

Les plus grands philosophes ont été Descartes, Montaigne, Gassendi, Mallebranche, Pascal, Bayles, Montesquieu, etc.

Les meilleurs écrivains en prose sont Bossuet, Fénélon, Vertot, Voltaire, Buffon et Jean-Jacques Rousseau.

Les peintres les plus habiles que la France ait produits sont Le Brun, Le Poussin, Le Sueur, Le Moine, etc.

La langue française est composée des débris du latin et de l'ancienne langue des Gaulois. Ce ne fut que vers la fin du dixième siècle, c'est-à-dire, il y a huit cents ans, qu'elle commença à se former. Au douzième siècle, elle s'enrichit d'une quantité de mots grecs. Depuis Charles huit, elle tira beaucoup de secours de l'Italien, qui était déjà perfectionné. Ce ne fut que sous François premier qu'elle prit de la consistance, et sous Louis treize qu'elle parut avec un véritable éclat. Sous Louis quatorze elle fut fixée.

En Russie, en Allemagne, en Angleterre, en Italie, dans toute l'Europe, les gens instruits et les personnes de distinction se font un honneur de savoir et de parler la langue française. On la fait apprendre aux enfans.

L'air en France est généralement doux et sain. Dans les provinces du Nord, les hivers sont quelquefois très rigoureux. Dans celles du Midi, en été, le soleil est si ardent, qu'il dessèche la superficie du sol, grille l'herbe, et arrête la végétation.

Vos devoirs envers vos Maîtres.

Vous devez à vos maîtres presque autant de respect et toute l'obéissance que vous devez à vos parens. Chargés de votre instruction, quel bien pourraient-ils vous faire, si vous aviez le droit de ne les écouter que quand cela vous plairait ? Vous n'êtes pas encore assez raisonnables pour vouloir tout ce qui peut vous être utile ; il faut malheureusement vous contraindre ; obéissez donc quand ils vous commandent, car ils n'exigent rien que ce qui peut tourner à votre avantage, et s'ils vous condamnent à des études qui contrarient votre penchant pour les jeux frivoles, ce n'est point dans l'intention de vous chagriner, c'est pour vous préparer à paraître un jour avec honneur dans le monde ; ils vous contraignent à apprendre les choses qu'il vous est nécessaire de savoir, parce que vous ne

voulez pas les apprendre de plein gré;
ils vous punissent de votre paresse ou
de vos fautes, non pour le plaisir de
vous punir, mais pour vous rendre plus
laborieux et plus parfaits. S'ils flattaient
vos désirs repréhensibles et s'ils vous
laissaient croître avec vos vices naissans,
vous deviendriez des hommes aussi
dangereux que misérables, et chacun
s'empresserait de vous repousser loin
de lui.

Craignez donc, mes chers enfans, de
murmurer contre la sage sévérité de
vos maîtres; montrez-leur, au contraire,
les sentimens de la plus tendre recon-
naissance pour le bien qu'ils vous font
malgré vous. Dans un autre âge, si vous
avez été assez heureux pour profiter
de leurs leçons, ces sentimens ne coû-
teront rien à votre cœur, et vous vous
ressouviendrez d'eux comme si c'était
de vos parens.

Soyez respectueux devant les Personnes plus âgées que vous.

Les personnes plus âgées que vous, ont plus d'expérience ; c'est déjà une raison pour que vous ayez de la considération pour elles. Ayez grand soin de les saluer les premiers, écoutez-les avec respect quand elles vous parlent, et n'omettez rien de ce qui peut leur porter honneur. Cet honneur vous reviendra ; vous vous ferez des amis, et tout le monde sera disposé à bien penser de vous.

Soyez honnêtes et complaisans avec vos égaux.

Vos amis de votre âge et vos condisciples n'ont rien à attendre de votre part que de l'honnêteté et de la complaisance ; et, s'il leur arrivait d'en manquer à votre égard, ce ne serait pas une raison pour vous en dispenser avec eux. L'honnêteté que vous avez pour les autres sera cause que l'on vous traitera vous-mêmes avec plus d'honnêteté qu'on ne le ferait sans cela, et votre complaisance engagera les autres à en avoir pour vous.

Conduisez-vous par les conseils de vos Parens et de vos Maîtres.

Vous ne savez rien encore, voilà pourquoi vous ne devez rien entreprendre de votre propre mouvement : vous vous tromperiez et vous feriez des fautes à chaque pas. Laissez-vous guider par ceux qui ont l'expérience de la vie, et qui ont à cœur de vous mettre dans le bon chemin ; apprenez comment vous devez vous conduire, avant de vouloir vous conduire vous-mêmes, c'est ce que la sagesse et votre bonheur vous commandent également.

TABLE DE MULTIPLICATION.

2 fois 2 font 4	4 fois 7 fo. 28	7 f. 9 f. 63
2 3 6	4 8 32	7 10 70
2 4 8	4 9 36	7 11 77
2 5 10	4 10 40	7 12 84
2 6 12	4 11 44	
2 7 14	4 12 48	
2 8 16		8 f. 8 f. 64
2 9 18		8 9 72
2 10 20	5 fois 5 fo. 25	8 10 80
2 11 22	5 6 30	8 11 88
2 12 24	5 7 35	8 12 96
	5 8 40	
	5 9 45	
	5 10 50	9 f. 9 f. 81
3 fois 3 font 9	5 11 55	9 10 90
3 4 12	5 12 60	9 11 99
3 5 15		9 12 108
3 6 18		
3 7 21	6 fois 6 fo 36	10 f. 10 f. 100
3 8 24	6 7 42	10 11 110
3 9 27	6 8 48	10 12 120
3 10 30	6 9 54	
3 11 33	6 10 60	11 f. 11 f. 121
3 12 36	6 11 66	11 12 132
	6 12 72	
4 fois 4 fo. 16		12 f. 12 f. 144
4 5 20	7 fois 7 fo. 49	12 13 156
4 6 24	7 8 56	12 14 168

TABLE

Des parties aliquotes de douze deniers au sou.

Pour 1 den. prenez le $\frac{1}{12}$ du produit de 1 sou.
Pour 2.......... le $\frac{1}{6}$
Pour 3.......... le $\frac{1}{4}$
Pour 4.......... le $\frac{1}{3}$
Pour 5 prenez pour 3 et pour 2.
Pour 6.......... la $\frac{1}{2}$
Pour 7....... pour 4 et pour 3.
Pour 8....... pour 4 et pour 4.
Pour 9...... pour 6 et pour 3.
Pour 10...... pour 6 et pour 4.
Pour 11...... pour 8 et pour 3.

FIN.

ÉTAT de l'Effectif au
du   .ᵉ Régiment
pour servir au décompte
de leur supplément d'E
suit ;

ÉSIGNATION DES GRADES.

Gravé par Michaud

www.ingramcontent.com/pod-product-compliance
Lightning Source LLC
Chambersburg PA
CBHW060754280326
41934CB00010B/2485